Impressum
Verlag: BABADADA GmbH, Nedderfeld 112 , 22529 Hamburg
Geschäftsführer / Verlagsleitung: Harald Hof
Druck: Books on Demand GmbH, In de Tarpen 42, 22848 Norderstedt

Imprint
Publisher: BABADADA GmbH, Nedderfeld 112 , 22529 Hamburg, Germany
Managing Director / Publishing direction: Harald Hof
Print: Books on Demand GmbH, In de Tarpen 42, 22848 Norderstedt, Germany

مدرسه

школа

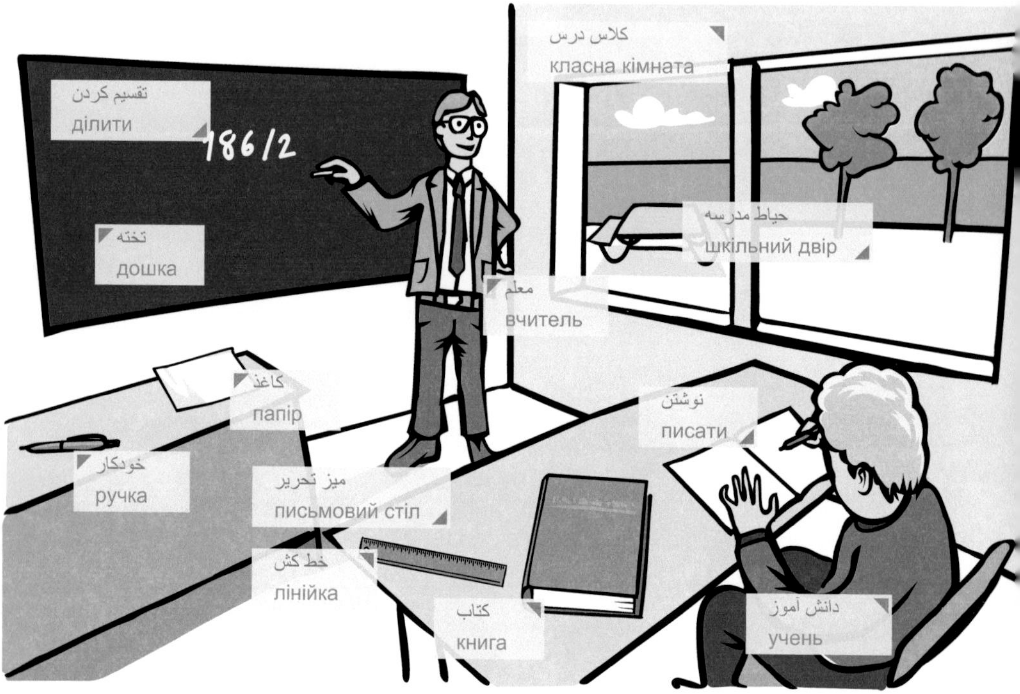

کلاس درس
класна кімната
تقسیم کردن
ділити
186/2
تخته
дошка
حیاط مدرسه
шкільний двір
معلم
вчитель
کاغذ
папір
نوشتن
писати
خودکار
ручка
میز تحریر
письмовий стіл
خط کش
лінійка
کتاب
книга
دانش آموز
учень

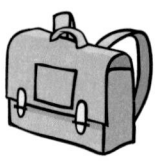

کیف مدرسه

ранець

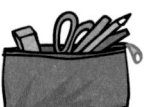

جامدادی

пенал

مداد

олівець

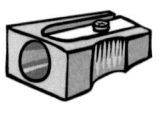

تراش

точило

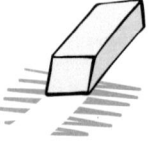

پاک کن

гумка

دفتر رسم

альбом для малювання

طراحى

малюнок

قلم مو

пензель

جعبه ى آبرنگ

коробка фарб

قیچی

ножиці

چسب

клей

كتاب تمرين

зошит

تكليف خانه

домашнє завдання

12

رقم

число

2+2

جمع كردن

додавати

5-2

تفريق كردن

віднімати

2×2

ضرب كردن

множити

محاسبه كردن

рахувати

A

حرف الفبا

літера

ABCDEFG HIJKLMN OPQRSTU VWXYZ

الفبا

абетка

كلمه

слово

متن

текст

خواندن

читати

گچ

крейда

درس

година

ثبت نام

класний журнал

امتحان

екзамен

مدرک رسمی

диплом

لباس مدرسه

шкільна форма

تحصیلات

освіта

دانشنامه

лексикон

دانشگاه

університет

میکروسکوپ

мікроскоп

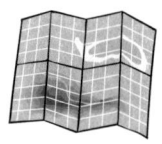

نقشه

карта

سبد کاغذ باطله

кошик для паперу

سفر
подорож

هتل
готель
Grand
مسافرخانه
турбаза
ROOMS
EXCHANGE
صرافی
обмінний пункт
چمدان
валіза
اتومبیل
автомобіль

زبان

мова

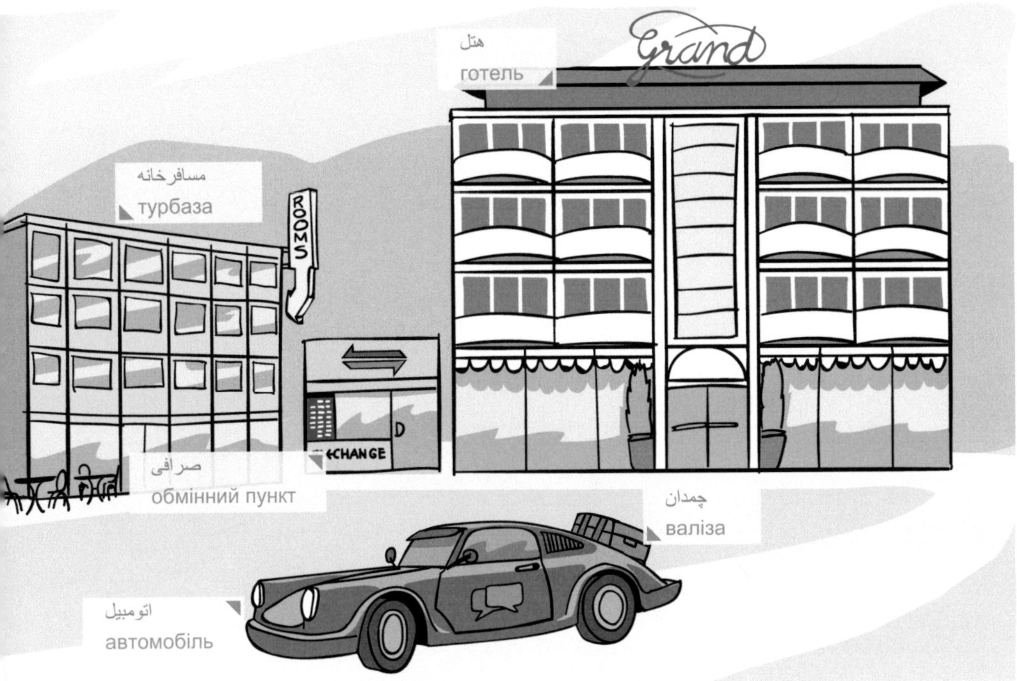

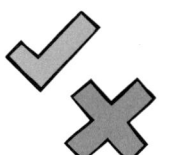

بله / خیر

так / ні

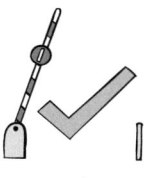

اکی

добре

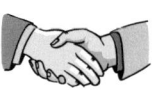

سلام

привіт

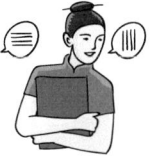

مترجم

перекладач

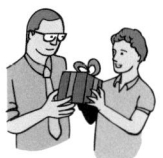

ممنون

дякую

قیمت ... چه قدر است؟

Скільки коштує ...?

من متوجه نمی شوم

Я не розумію

مشکل

проблема

عصر بخیر! / شب بخیر!

Добрий вечір!

صبح بخیر!

Доброго ранку!

شب بخیر!

На добраніч!

خداحافظ

До побачення

جهت

напрямок

بار سفر

багаж

کیف

сумка

کوله پشتی

рюкзак

مهمان

гість

اتاق

кімната

کیسه خواب

спальний мішок

خیمه

намет

مرکز راهنمای گردشگران

туристична інформація

ساحل

пляж

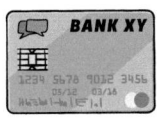

کارت اعتباری

кредитна картка

صبحانه

сніданок

نهار

обід

شام

вечеря

بلیط

квиток

آسانسور

ліфт

مهر

поштова марка

مرز

межа

گمرک

митниця

سفارتخانه

посольство

ویزا

віза

گذرنامه

паспорт

حمل و نقل
транспорт

كشتى
корабель

هواپيما
літак

ماشين آتش نشانى
пожежна машина

اتوبوس
автобус

كاميون
вантажний автомобіль

قايق موتورى
моторний човен

دوچرخه
велосипед

اتومبيل
автомобіль

كشتى مسافربرى

пором

قايق

човен

موتورسيكلت

мотоцикл

ماشين پليس

поліцейська машина

ماشين مسابقه

гоночний автомобіль

ماشين كرايه اى

автомобіль на прокат

به اشتراک گذاری اتوموبیل

пільне користування авто

جرثقیل

евакуатор

ماشین حمل زباله

сміттєвоз

موتور

двигун

بنزین

паливо

پمپ بنزین

автозаправна станція

تابلو راهنمایی و رانندگی

дорожній знак

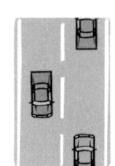

عبور و مرور

рух

ترافیک

затор

پارکینگ

стоянка

ایستگاه قطار

вокзал

ریل راه آهن

рейки

قطار

потяг

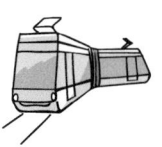

قطار برقی

трамвай

واگن

вагон

هلیکوپتر

гелікоптер

فرودگاه

аеропорт

برج

вежа

مسافر

пасажир

کانتینر

контейнер

کارتن

коробка

گاری

візок

سبد

кошик

به پرواز درآمدن / فرود آمدن

стартувати / приземлятися

دهکده

село

مرکز شهر

центр міста

خانه

дім

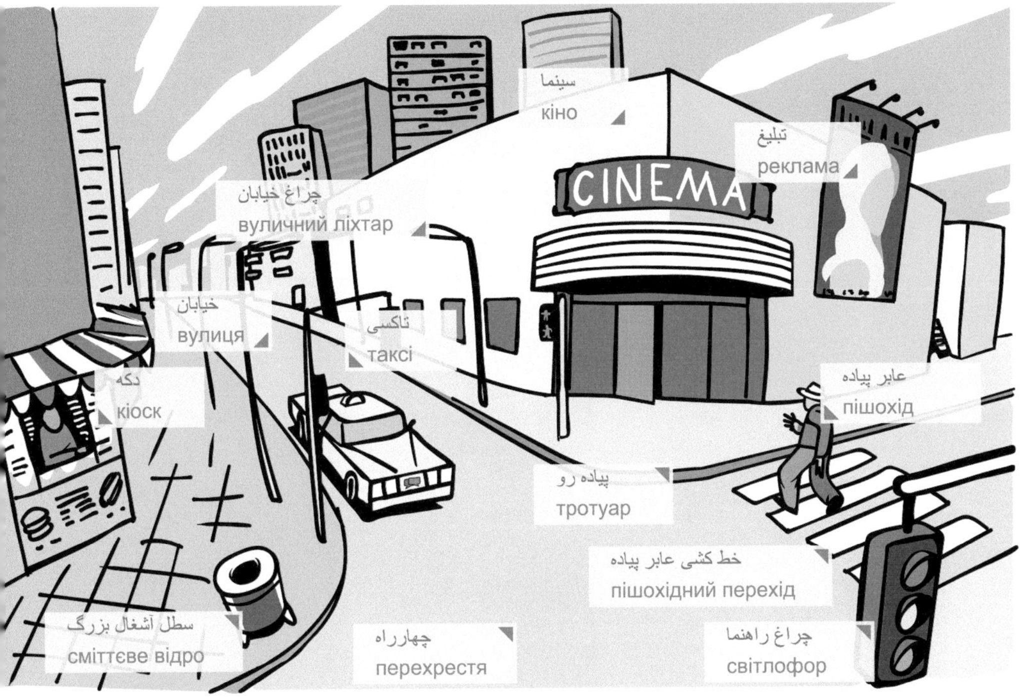
CINEMA
سینما
кіно
تبلیغ
реклама
چراغ خیابان
вуличний ліхтар
خیابان
вулиця
تاکسی
таксі
دکه
кіоск
عابر پیاده
пішохід
پیاده رو
тротуар
خط کشی عابر پیاده
пішохідний перехід
سطل آشغال بزرگ
сміттєве відро
چهارراه
перехрестя
چراغ راهنما
світлофор

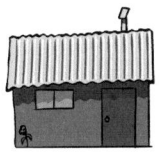

کلبه

хатина

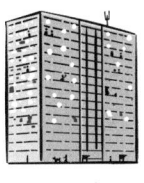

آپارتمان

квартира

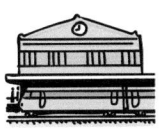

ایستگاه قطار

вокзал

ساختمان شهرداری

ратуша

MUSEUM

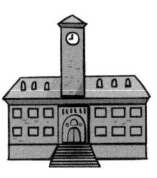

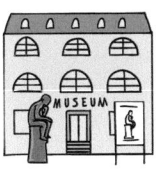

موزه

музей

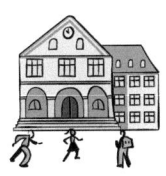

مدرسه

школа

دانشگاه

університет

بانک

банк

بیمارستان

лікарня

هتل

готель

داروخانه

аптека

اداره

офіс

کتابفروشی

книжковий магазин

مغازه

магазин

گل فروشی

квітковий магазин

سوپرمارکت

супермаркет

بازار

ринок

فروشگاه بزرگ

універмаг

ماهی فروش

торговець рибою

مرکز خرید

торговельний центр

بندر

гавань

پارک

парк

نیمکت

лава

پل

міст

پله

сходи

مترو

метро

تونل

тунель

ایستگاه اتوبوس

автобусна зупинка

میخانه

бар

رستوران

ресторан

صندوق پست

поштова скринька

تابلوی خیابان

вулична табличка

دستگاه پارکومتر

лічильник паркування

باغ وحش

зоопарк

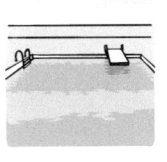

استخر شنای عمومی

басейн

مسجد

мечеть

مزرعه

ферма

آلودگی محیط زیست

забруднення
навколишнього
середовища

قبرستان

кладовище

کلیسا

церква

زمین بازی

дитячий майданчик

معبد

храм

چشم انداز

ландшафт

برگ
листок

تابلوی راهنمای مسیر
вказівний стовп

راه
шлях

چمنزار
луг

سنگ
камінь

درخت
дерево

راه نورد
мандрівник

رودخانه
річка

چمن
трава

گل
квітка

دره

долина

تپه

гора

دریاچه

озеро

جنگل

ліс

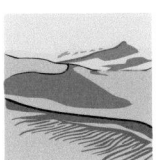

بیابان

пустеля

کوه آتشفشان

вулкан

قلعه

замок

رنگین کمان

веселка

قارچ

гриб

درخت نخل

пальма

پشه

комар

مگس

муха

مورچه

мурашка

زنبور

бджола

عنکبوت

павук

سوسک

жук

قورباغه

жаба

سنجاب

вивірка

جوجه تیغی

їжак

خرگوش صحرایی

заєць

جغد

сова

پرنده

птах

قو

лебідь

گراز

кабан

گوزن نر

олень

گوزن شمالی

лось

سد آب

гребля

توربین بادی

вітряк ·

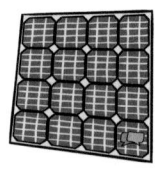

صفحه ی خورشیدی

сонячний модуль

أب و هوا

клімат

رستوران

ресторан

پیشخدمت رستوران
офіціант
منوی غذا
меню
صندلی
стілець
سوپ
суп
پیتزا
піца
سرویس کارد و قاشق و چنگال
столові прилади
رومیزی
скатертина

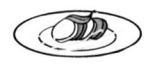

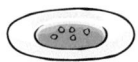

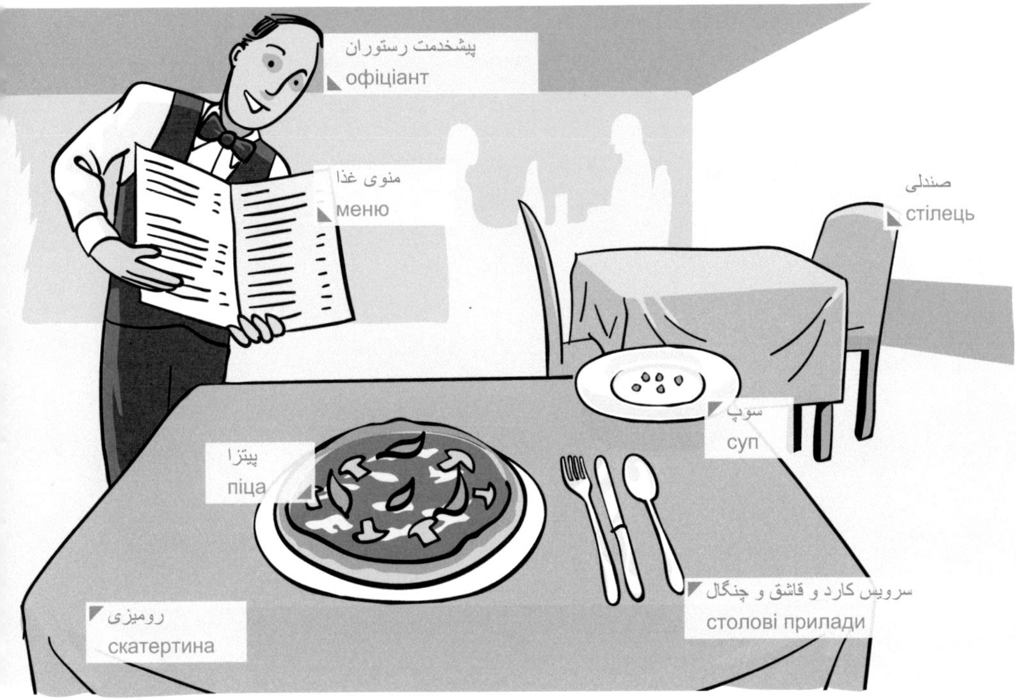

پیش‌غذا

закуска

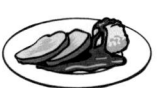

غذای اصلی

друга страва

دسر

десерт

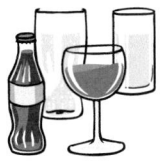

نوشیدنی ها

напої

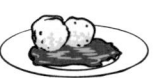

غذا

їжа

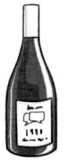

بطری

пляшка

فست فود

فаст-фуд

اغذیه خیابانی

вулична їжа

قوری

чайник

قندان

цукорниця

پُرس غذا

порція

دستگاه اسپرسو

еспресо-машина

صندلی پایه بلند غذاخوری بچه

високий стільчик

صورتحساب

рахунок

سینی

піднос

چاقو

ніж

چنگال

вилка

قاشق

ложка

قاشق چایخوری

чайна ложка

دستمال سفره

серветка

لیوان

склянка

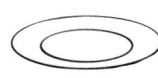

بشقاب

тарілка

بشقاب سوپخورى

тарілка для супу

نعلبكى

блюдце

سس

соус

نمكدان

солонка

باس فلفل

млин для перцю

سركه

оцет

روغن خوراكى

масло

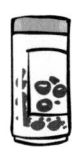

ادويه جات

спеції

سس كچاپ

кетчуп

سس خردل

гірчиця

سس مايونز

майонез

سوپرمارکت

супермаркет

پیشنهاد ویژه
пропозиція
FOR
مشتری
клієнт
لبنیات
молочні продукти
میوه جات
фрукти
چرخ دستی خرید
візок для покупок

BUTCHERS

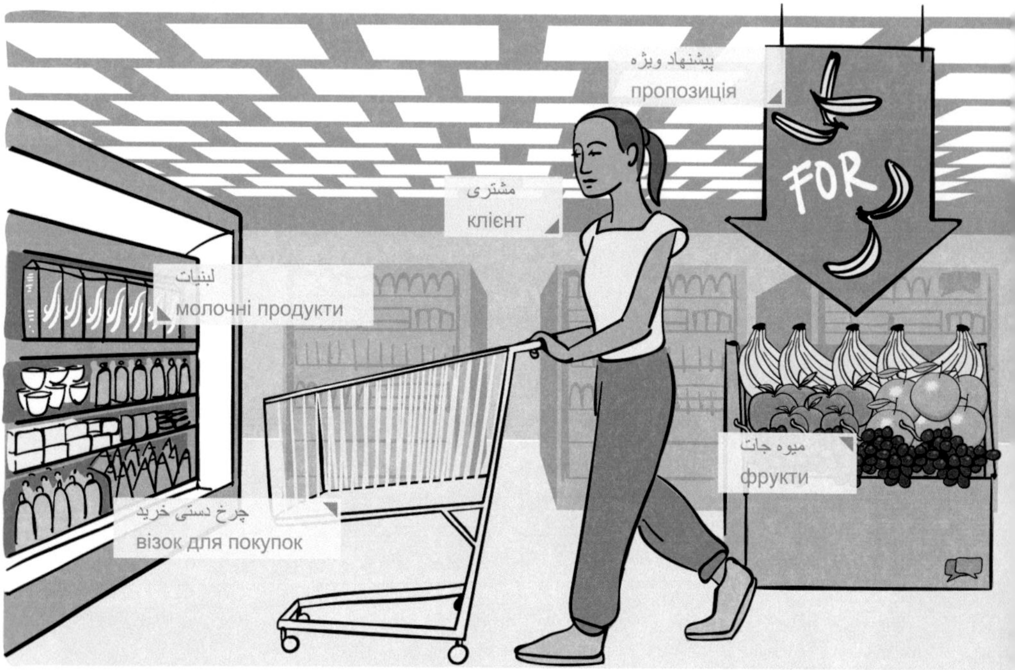

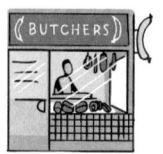

قصابی

....

м'ясний магазин

BAKERY

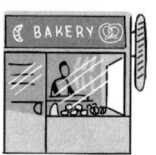

نانوایی

....

пекарня

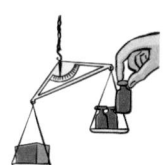

وزن کردن

....

зважувати

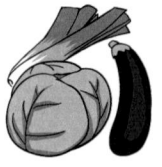

سبزیجات

....

овочі

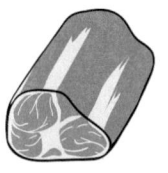

گوشت

....

м'ясо

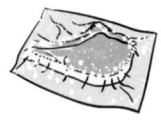

غذای منجمد

....

заморожені продукти

مخلوطی از انواع کالباس یا پنیر که
ورقه ای بریده شده باشند
ковбасна нарізка

غذای کنسروی
консерви

پودر لباسشویی
пральний порошок

شیرینی جات
солодощі

لوازم خانگی
предмети домашнього
побуту

ماده شوینده و پاک کننده
мийний засіб

فروشنده
продавщиця

صندوق پرداخت
каса

صندوقدار
касир

لیست خرید
список покупок

ساعات کار
часи роботи

کیف پول
гаманець

کارت اعتباری
кредитна картка

کیف
сумка

کیسه ی پلاستیکی
поліетиленовий пакет

آب

вода

آبميوه

сік

شير

молоко

نوشابه کوکاکولا

кола

شراب

вино

آبجو

пиво

الکل

алкоголь

کاکائو

какао

چای

чай

قهوه

кава

قهوه اسپرسو

еспресо

کاپوچینو

капучіно

موز

банан

سیب

яблуко

پرتقال

апельсин

انواع هندوانه و خربزه

кавун

لیمو

лимон

هویج

морква

سیر

часник

نى بامبو

бамбук

پیاز

цибуля

قارچ

гриб

أجیل

горішки

ماکارونى

локшина

اسپاگتی

спагеті

برنج

рис

سالاد

салат

سیب زمینی سرخ کرده

картопля фрі

سیب زمینی سرخ شده

смажена картопля

پیتزا

піца

همبرگر

гамбургер

ساندویچ

бутерброд

شنیتسل

шніцель

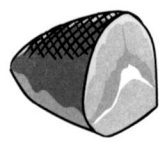

ژامبون خوک

шинка

سالامی

салямі

سوسیس

ковбаса

مرغ

курка

نوعی گوشت سرخ شده

печеня

ماهی

риба

جوى پرک شده
....
вівсяні пластівці

نوعى صبحانه مخلوطى از برگه ذرت و
ميوه هاى خشک شده و خشکبار که
معمولا با شير خورده مى شود
мюслі

کورنفلکس
....
кукурудзяні пластівці

آرد
....
борошно

کرواسان
....
круасан

نان بروتشن
....
булочка

نان
....
хліб

نان تست
....
тостовий хліб

بيسکويت
....
печиво

کره
....
масло

کشک
....
сир

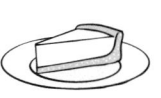

کيک
....
пиріг

تخم مرغ
....
яйце

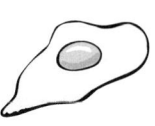

تخم مرغ نيمرو
....
яєчня

پنير
....
сир

بستنى

морозиво

شكر

цукор

عسل

мед

مربا

мармелад

كرم شكلاتى بادامى

нуга-крем

ادويه كارى

карі

مزرعه

ферма

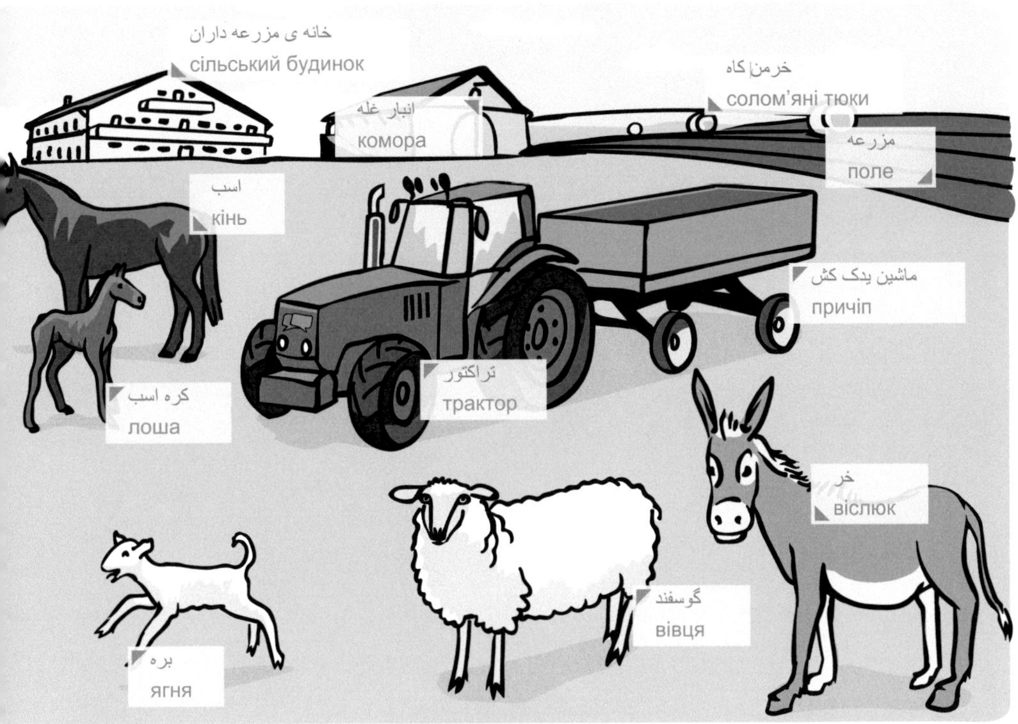

خانه ی مزرعه داران
сільський будинок
انبار غله
комора
خرمن گاه
солом'яні тюки
مزرعه
поле
اسب
кінь
ماشین یدک کش
причіп
کره اسب
лоша
تراکتور
трактор
خر
віслюк
گوسفند
вівця
بره
ягня

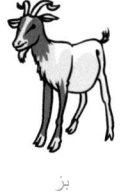

بز

коза

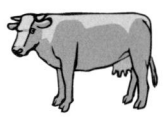

گاو ماده

корова

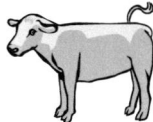

گوساله

теля

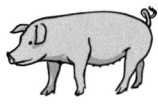

خوک

свиня

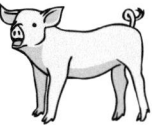

بچه خوک

порося

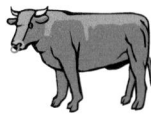

گاو نر

бик

غاز

гусак

اردک

качка

جوجه

курча

مرغ

курка

خروس

півень

موش صحرایی

щур

گربه

кіт

موش

миша

گاو نر اخته

віл

سگ

собака

لانه ی سگ

собача будка

شلنگ باغبانی

садовий шланг

آبپاش

лійка

داس دسته بلند

коса

گاوآهن

плуг

داس

серп

كج بيل

мотика

چنگک باغبانى

вила

تَبَر

сокира

فرقون

тачка

أبشخور

корито

بطرى نگهدارى شير

бідон молока

كِيسه

мішок

حصار

паркан

اصطبل

хлів

گَلْخانه

теплиця

خاك

ґрунт

بذر

насіння

كود

добриво

ماشين كمباين

комбайн

برداشت کردن محصول

пожинати

محصول

урожай

تمیس

корінь ямсу

گندم

пшениця

سویا

соя

سیب زمینی

картопля

ذرت

кукурудза

کلزا

ріпак

درخت میوه

плодове дерево

گیاه مانیوک

маніок

غلات

злаки

دودکش
димохід

پشت بام
дах

ناودان
водостічний лоток

پنجره
вікно

گاراژ
гараж

زنگ در
дзвінок

در
двері

سطل آشغال
відро для сміття

صندوق مراسلات
поштова скринька

باغ
сад

اتاق نشیمن
....
вітальня

حمّام
....
ванна кімната

آشپزخانه
....
кухня

اتاق خواب
....
спальня

اتاق بچه
....
дитяча кімната

ناهارخوری
....
їдальня

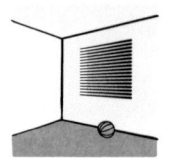

كف زمين

підлога

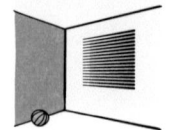

ديوار

стіна

سقف

стеля

زيرزمين

підвал

سونا

сауна

بالكن

балкон

تراس

тераса

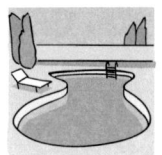

استخر

басейн

ماشين چمنزنى

косарка

ملافه

простирало

روتختى

ковдра

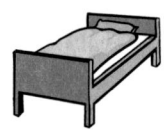

تختّ خواب

ліжко

جارو

мітла

سطل

відро

سويچ يا كليد

перемикач

اتاق نشیمن

вітальня

کاغذ دیواری
шпалери
عکس
малюнок
لامپ
лампа
قفسه
поличка
کابینت
шафа
تلویزیون
телевізор
شومینه
камін
گل
квітка
کوسن
подушка
کاناپه
диван
گلدان
ваза
کنترل تلویزیون و ویدئو و غیره
пульт

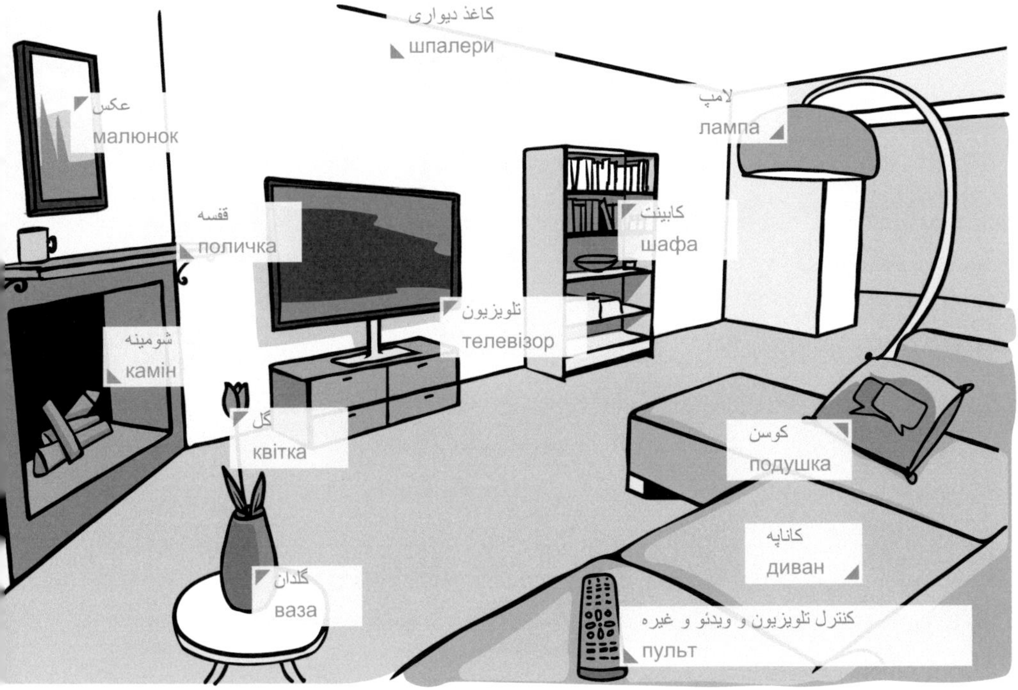

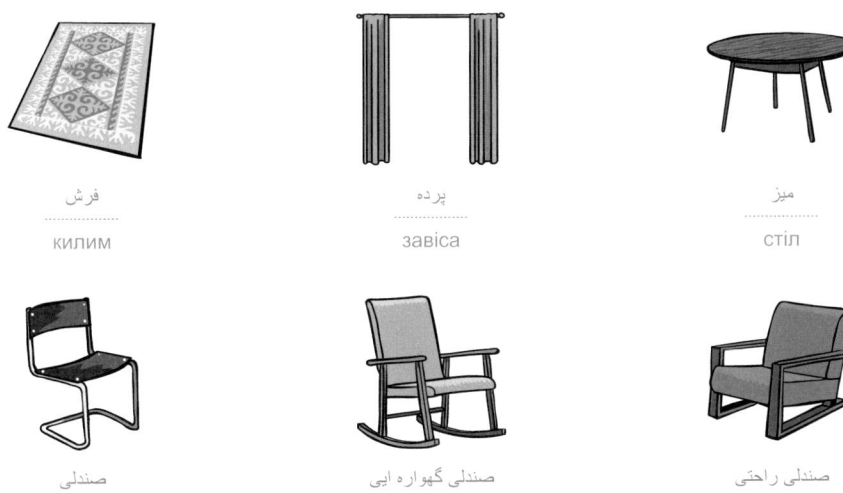

فرش

килим

پرده

завіса

میز

стіл

صندلی

стілець

صندلی گهواره ایی

крісло-гойдалка

صندلی راحتی

крісло

كتاب

книга

لحاف

ковдра

دكوراسيون

прикраса

هيزم

дрова

فيلم

фільм

دستگاه ضبط صوت

стереосистема

كليد

ключ

روزنامه

газета

تابلو نقاشی

картина

پوستَر

плакат

راديو

радіо

دفترچه يادداشت

блокнот

جاروبرقی

пилосос

كاكتوس

кактус

شمع

свічка

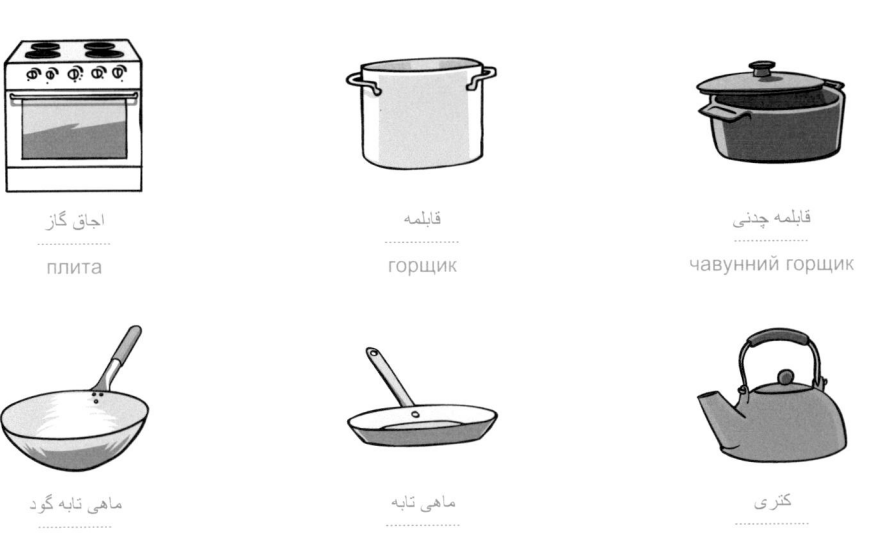

آشپزخانه

кухня

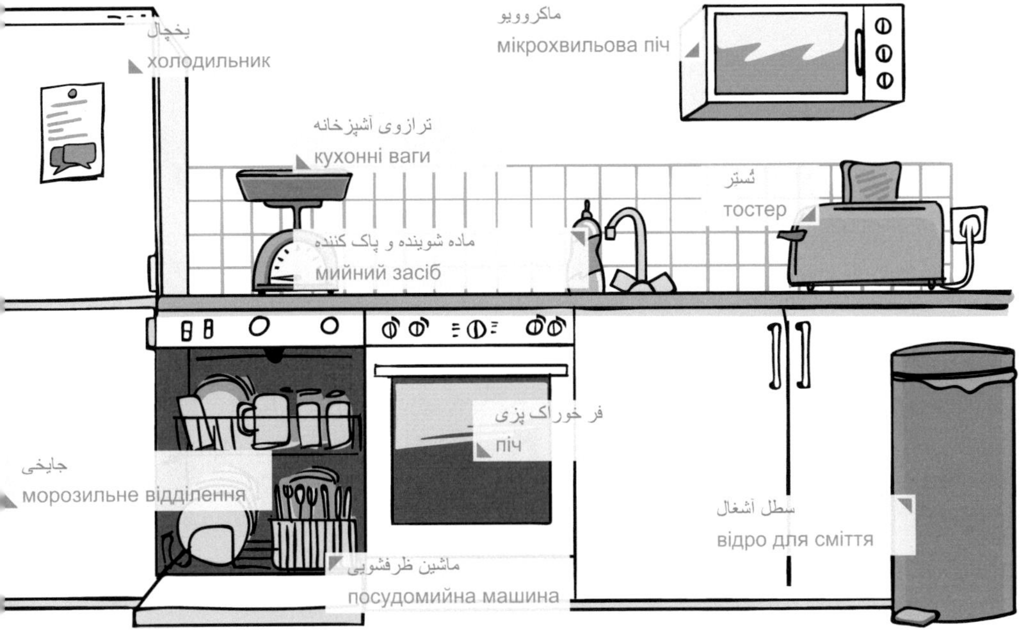
یخچال
холодильник
ماکروویو
мікрохвильова піч
ترازوی آشپزخانه
кухонні ваги
تُستر
тостер
ماده شوینده و پاک کننده
мийний засіб
فر خوراک پزی
піч
جایخی
морозильне відділення
سطل آشغال
відро для сміття
ماشین ظرفشویی
посудомийна машина

اجاق گاز

плита

قابلمه

горщик

قابلمه چدنی

чавунний горщик

ماهی تابه گود

вок / кадай

ماهی تابه

сковорода

کتری

чайник

بخارپز

پاروварка

سینی فر

лист

ظرف چینی آشپزخانه

посуд

لیوان

кухоль

کاسه

чаша

چاپستیک

палички для їжі

ملاقه

черпак

کفگیر

лопатка

همزن

вінчик для збивання

آبکش

сито

آبکش

сито

رنده

терка

هاون

ступка

باربیکیو

барбекю

محل مخصوص افروختن آتش

багаття

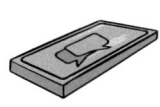

تخته گوشت و سبزی

دошка

وردنه

качалка

در بطری بازکن

штопор

قوطی

консерва

در قوطی بازکن

відкривачка

دستگیره پارچه ای

прихватки

سینک ظرفشویی

раковина

برس گردگیری

щітка

اسفنج

губка

مخلوط کن

міксер

فریزر

морозильна камера

شیشه شیر بچه

дитяча пляшка

ٺیر اب

кран

حمام

ванна кімната

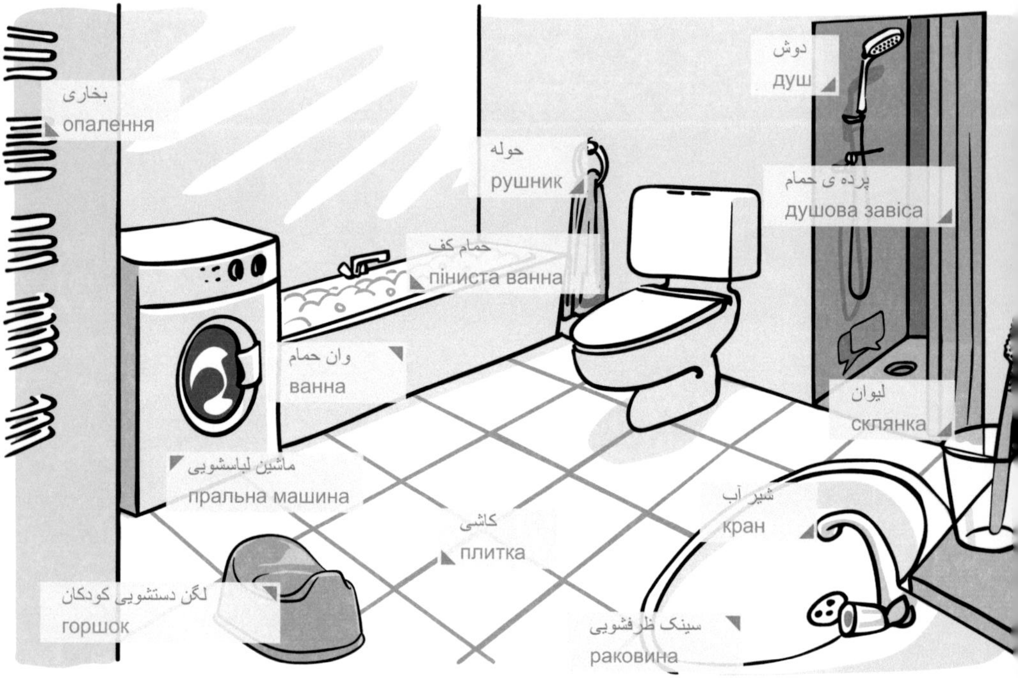

دوش
душ
بخاری
опалення
حوله
рушник
پرده ی حمام
душова завіса
حمام کف
прниста ванна
وان حمام
ванна
لیوان
склянка
ماشین لباسشویی
пральна машина
شیر آب
кран
کاشی
плитка
لگن دستشویی کودکان
горшок
سینک ظرفشویی
раковина

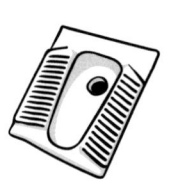

توالت

туалет

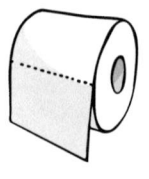

توالت ایرانی

підлоговий туалет

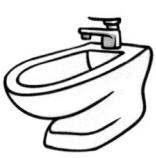

کاسه توالت

біде

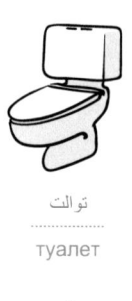

توالت مخصوص آقایان

пісуар

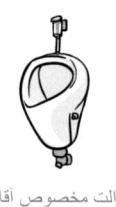

دستمال توالت

туалетний папір

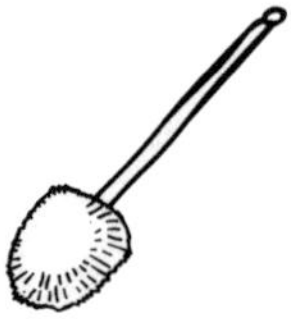

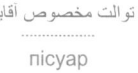

فرچه توالت

щітка для туалету

مسواک

زубна щітка

خمیردندان

зубна паста

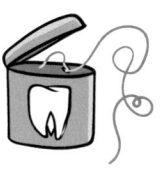

نخ دندان

нитка для чищення зубів

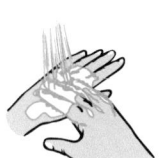

شستن

мити

دوش آب تلفنی

ручний душ

شلنگ توالت

інтимний душ

لگن روشویی

таз

برس شست و شوی پشت

щітка для спини

صابون

мило

شامپو بدن

гель для душу

شامپو

шампунь

لیف حمام

мочалка

راه آب

водостік

کرم

крем

اسپری دئودورانت

дезодорант

آیینه

دзеркало

آیینه ی کوچک دستّی

косметичне дзеркало

تیغ ریش تراشی

бритва

کف ریش تراشی

піна для гоління

افترشیو

лосьйон після гоління

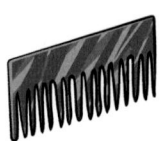

شانه ی سر

гребінь

برس

щітка

سشوار

фен

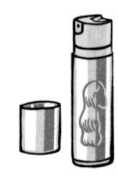

اسپری مو

лак для волосся

آرایش

косметика

رژلب

губна помада

لاک ناخن

лак для нігтів

پنبه

вата

قیچی ناخن

ножиці для нігтів

عطر

парфум

کیف لوازم آرایشی و بهداشتی

косметичка

چهارپایه

табурет

ترازو

ваги

حوله ی پالتویی

халат

دستکش ظرفشویی

гумові рукавички

تأمپون

тампон

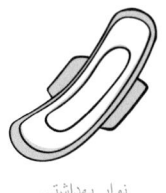

نوار بهداشتی

гігієнічні прокладки

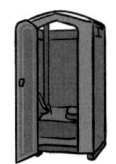

توالت سیار

біотуалет

اتاق بچه

дитяча кімната

ساعت زنگدار
будильник
نوعی عروسک نرم به شکل حیوانات
м'яка іграшка
ماشین اسباب بازی
іграшковий автомобіль
جغجغه
брязкальце
خانه ی عروسکی
ляльковий будиночок
کادو
подарунок

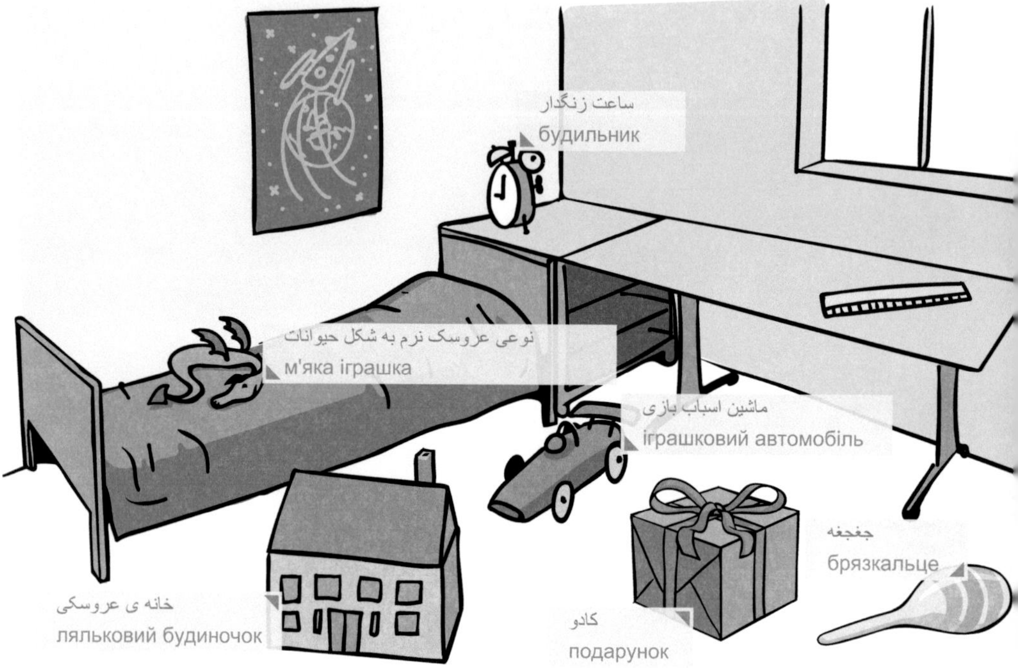

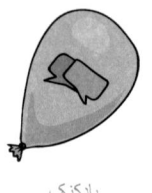

بادکنک

повітряна кулька

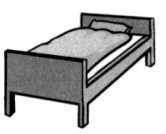

تخت خواب

ліжко

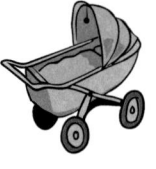

کالسکه بچه

дитячий візок

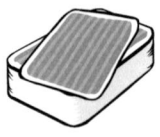

بازی ورق

картярська гра

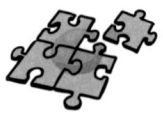

پازل

пазл

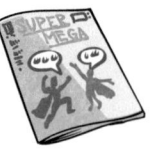

داستان مصور

комікс

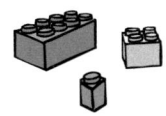

اسباب بازی لگو

лего цеглинки

خانه سازی

блоки

عروسک شخصیت های فیلم و کارتون

іграшкова фігурка

لباس نوزاد

повзунки

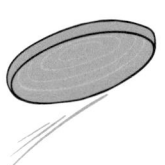

فریزبی

фризбі

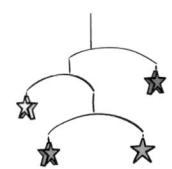

نوعی اسباب بازی که روی تخت نوزاد یا کودک نصب می شود

мобіле

بازی روی صفحه

настільна гра

تاس

кубик

قطار اسباب بازی

модель залізнична станція

پستانک

соска

مهمانی

вечірка

کتاب مصور

книжка з картинками

توپ

м'яч

عروسک

лялька

بازی کردن

грати

جعبه شنی مخصوص بازی کودکان

پісочниця

تاب

гойдалка

اسباب بازی

іграшка

کنسول بازی های کامپیوتری

гральна консоль

سه چرخه

триколісний велосипед

خرس عروسکی

плюшевий мішка

کمد لباس

шафа

جوراب

шкарпетки

جوراب زنانه ساق بلند

панчохи

جوراب شلواری

колготки

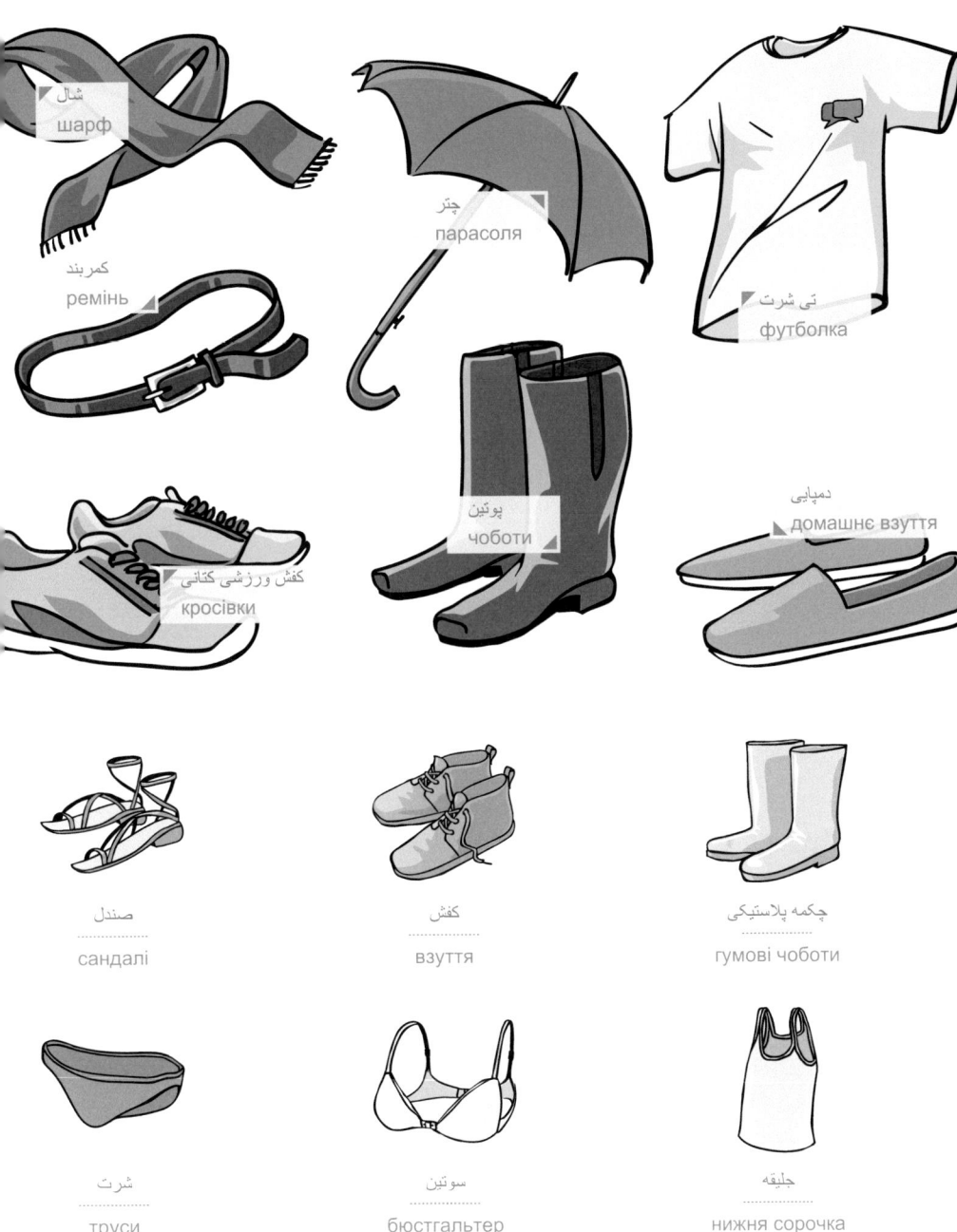

شال
شارف

چتر
парасоля

تی شرت
футболка

کمربند
ремінь

پوتین
чоботи

دمپایی
домашнє взуття

کفش ورزشی کتانی
кросівки

صندل
сандалі

کفش
взуття

چکمه پلاستیکی
гумові чоботи

شرت
труси

سوتین
бюстгальтер

جلیقه
нижня сорочка

بادی

بodi

شلوار

штани

جین

джинси

دامن

спідниця

بلوز

блузка

پیراهن

сорочка

پولیور

пуловер

سویی شرتᵊ

светр

نوعی کت

піджак

ژاکت

куртка

کت بلند

пальто

بارانی

дощовик

لباس نمایش

костюм

لباس

сукня

لباس عروس

весільна сукня

کت و شلوار

костюм

لباس خواب زنانه

нічна сорочка

پیژامه

піжама

ساری

carі

روسری

головна хустка

عمامه

чалма

برقع

бурка

قبا

кафтан

عبا

абая

لباس شنا

купальник

شرت شنا

плавки

شلوارک

шорти

لباس ورزشی

тренувальний костюм

پیشبند

фартух

دستکش

рукавички

دكمه

گودзик

عینک

окуляри

دستبند

браслет

گردنبند

ланцюг

انگشتر

кільце

گوشواره

сережка

كلاه لبه دار

шапка

چوب لباسی

плічка

كلاه

капелюх

كراوات

краватка

زیپ

застібка-блискавка

كلاه ایمنی

шолом

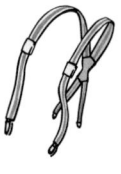

بند شلوار

підтяжки

لباس مدرسه

шкільна форма

لباس فرم

уніформа

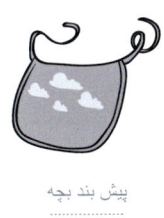

پیش بند بچه

нагрудник

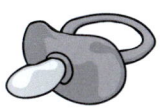

پستانک

соска

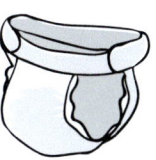

پوشک بچه

підгузок

اداره

офіс

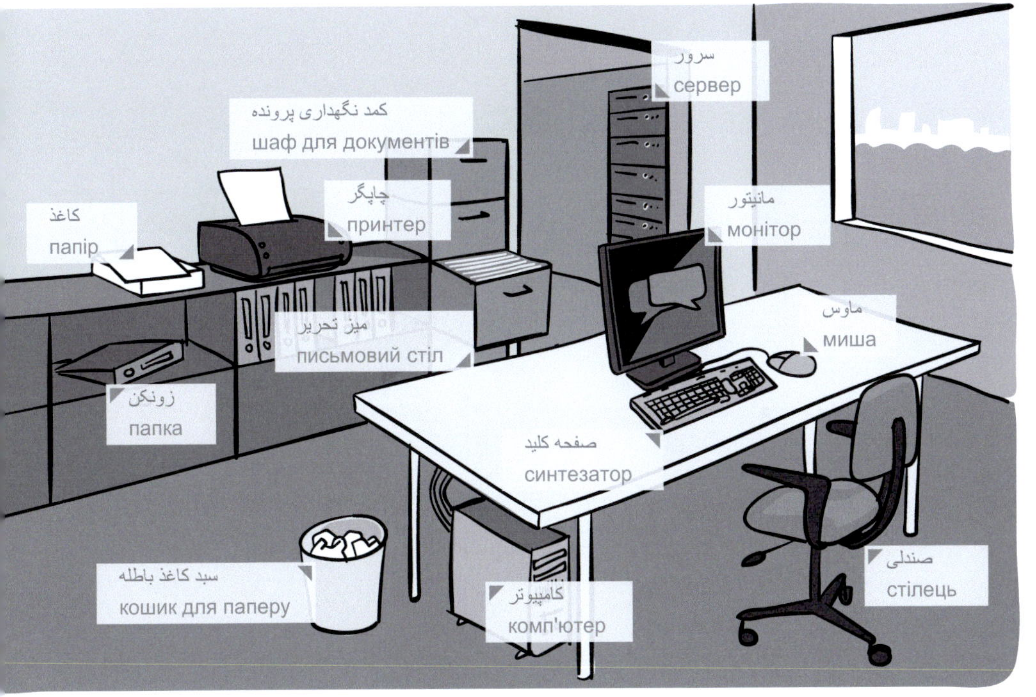
سرور
сервер
کمد نگهداری پرونده
шаф для документів
کاغذ
папір
چاپگر
принтер
مانیتور
монітор
ماوس
миша
میز تحریر
письмовий стіл
زونکن
папка
صفحه کلید
синтезатор
سبد کاغذ باطله
кошик для паперу
کامپیوتر
комп'ютер
صندلی
стілець

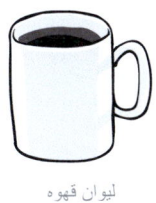

لیوان قهوه

кавовий кухоль

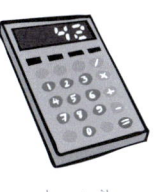

ماشین حساب

калькулятор

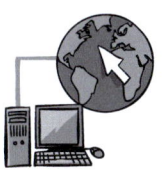

اینترنت

інтернет

ноутбук

نامه

лист

پیغام

повідомлення

تلفن همراه

мобільний телефон

شبکه ی ارتباطی

мережа

دستگاه فتوکپی

копіювальний пристрій

نرم افزار

програмне забезпечення

تلفن

телефон

پریز

розетка

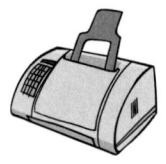

دستگاه فاکس

факс

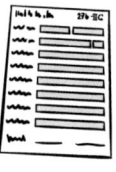

فرم

бланк

مدرک

документ

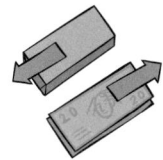

خریدن

купувати

پرداخت کردن

платити

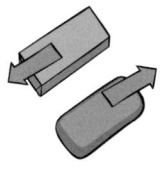

تجارت کردن

торгувати

پول

гроші

 **USD**

دلار

долар

 **EUR**

یورو

євро

 **JPY**

ین

ієна

 **RUB**

روبل

рубль

 **CHF**

فرانک سوئیس

франк

 **CNY**

یوان رنمینبی

юанів женьміньбі

 **INR**

روپیه

рупія

دستگاه خودپرداز

банкомат

صرافی

обмінний пункт

طلا

золото

نقره

срібло

نفت

нафта

انرژی

енергія

قیمت

ціна

قرارداد

контракт

مالیات

податок

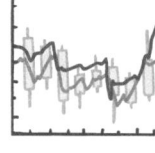

سهام سرمایه

акція

کار کردن

працювати

کارمند

працівник

کارفرما

роботодавець

کارخانه

фабрика

مغازه

магазин

професії

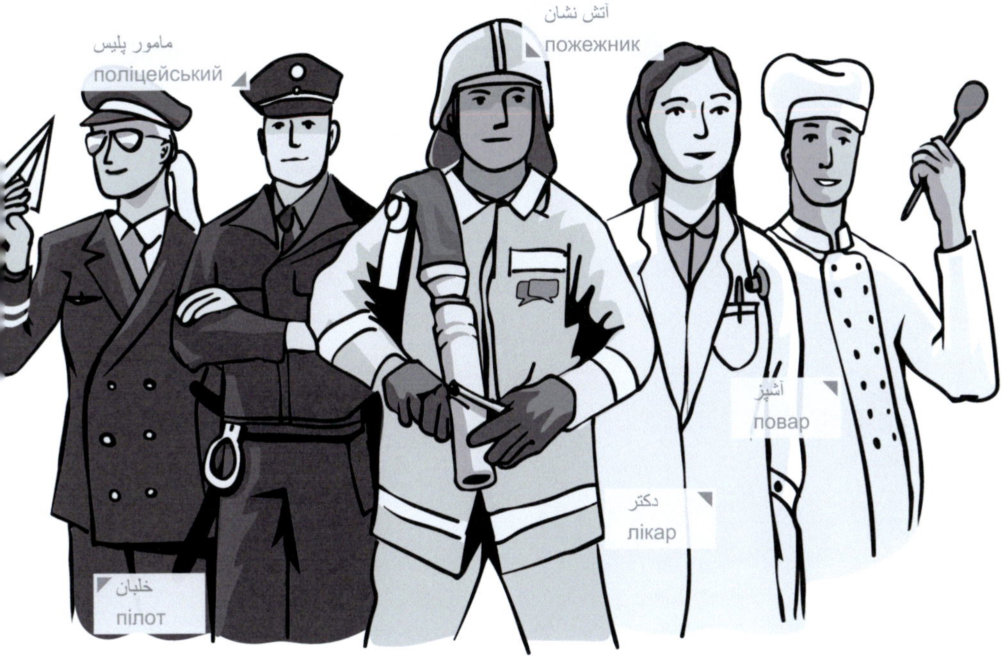
آتش نشان
пожежник
مامور پلیس
поліцейський
آشپز
повар
دکتر
лікар
خلبان
пілот

باغبان

садівник

نجار

столяр

خیاط زنانه

швачка

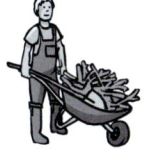

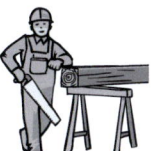

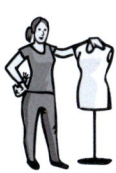

قاضی

суддя

شیمیدان

хімік

بازیگر

актор

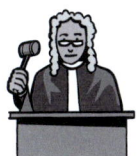

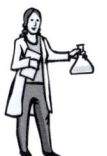

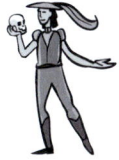

راننده اتوبوس

водій автобуса

راننده تاکسی

таксист

ماهیگیر

рибалка

نظافتچی زن

прибиральниця

سقف ساز

покрівельник

پیشخدمت رستوران

офіціант

شکارچی

мисливець

نقاش

художник

نانوا

пекар

برقکار

електрик

کارگر ساختمانی

будівельник

مهندس

інженер

قصاب

забійник

لوله کش

бляхар

پستچی

листоноша

سرباز

солдат

معمار

архітектор

صندوقدار

касир

گل فروش

флорист

آرایشگر

перукар

مامور کنترل بلیط در قطار

кондуктор

مکانیک

механік

ناخدا

капітан

دندانپزشک

дантист

دانشمند

вчений

عالم یهودی

рабин

امام

імам

راهب

монах

کشیش

пастор

ابزارآلات

інструменти

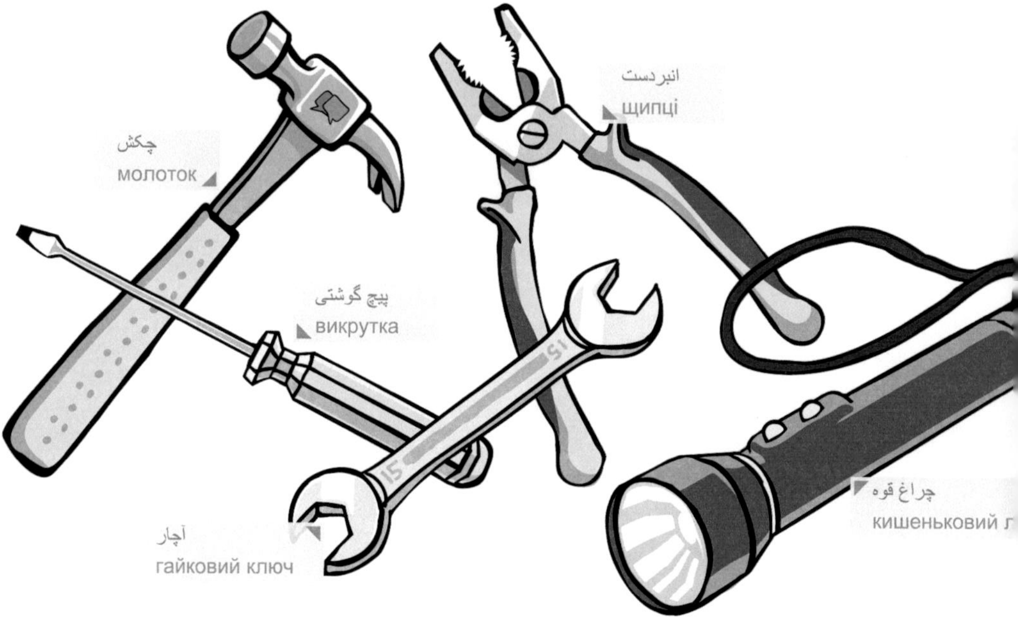
چکش
молоток
انبردست
щипці
پیچ گوشتی
викрутка
آچار
гайковий ключ
چراغ قوه
кишеньковий л

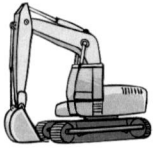

بیل مکانیکی

екскаватор

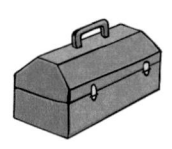

جعبه ابزار

ящик для інструментів

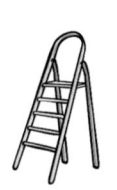

نردبان

драбина

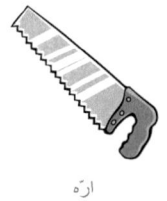

ارّه

пилка

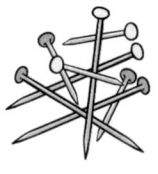

میخ

цвяхи

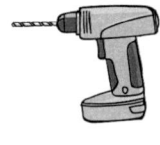

مته

свердло

تعمیر کردن

ремонтувати

بیل

лопата

لعنتی!

лайно!

خاک انداز

совок

سطل رنگرزی

відро з фарбою

پیچ

гвинти

آلات موسیقی

музичні інструменти

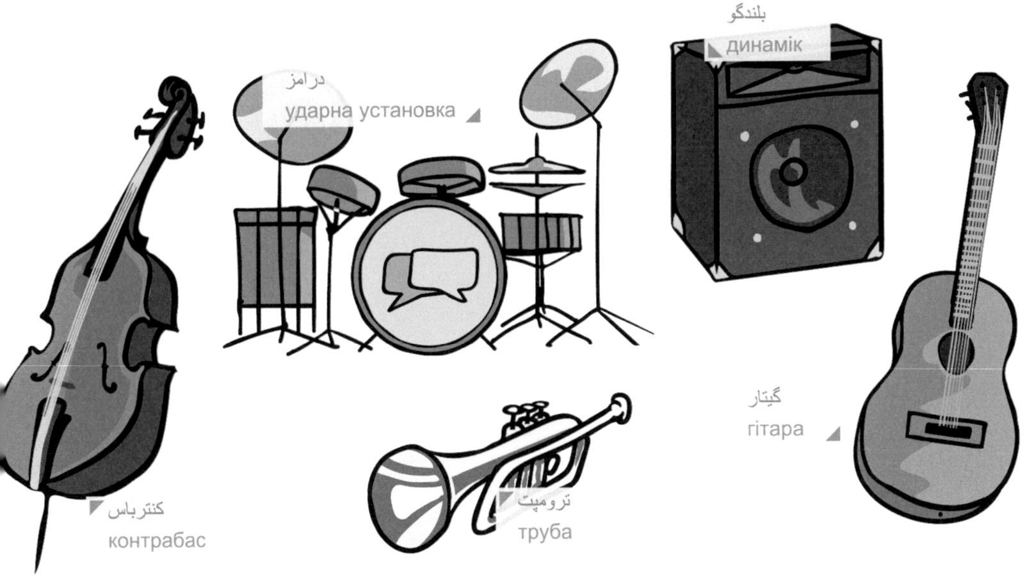

بلندگو

динамік

درامز

ударна установка

گیتار

гітара

کنترباس

контрабас

ترومپت

труба

پیانو

фортепіано

ویولن

скрипка

گیتار بیس

бас

تیمپانی

литаври

طبل

барабан

کیبورد الکتریک

клавіатура

ساکسیفون

саксофон

فلوت

флейта

میکروفون

мікрофон

باغ وحش
زۇ
вхід

ببر
تیگر
تигр

قفس
клітка

گورخر
зебра

خوراک حیوانات
корм

خرس پاندا
панда

حیوانات

тварини

فیل

слон

کانگورو

кенгуру

کرگدن

носоріг

گوریل

горила

خرس

ведмідь

شتر

верблюд

شترمرغ

страус

شیر

лев

میمون

мавпа

فلامینگو

фламінго

طوطی

папуга

خرس قطبی

білий ведмідь

پنگوئن

пінгвін

کوسه

акула

طاووس

павич

مار

змія

تمساح

крокодил

نگهبان باغ وحش

працівник зоопарку

خوک آبی

тюлень

پلنگ امریکایی

ягуар

اسب کوچک

پوني

پلنگ

леопард

اسب آبی

гіпопотам

زرافه

жираф

عقاب

орел

گراز

кабан

ماهی

риба

لاک پشت

черепаха

شیرماهی

морж

روباه

лисиця

غزال

газель

спорт

فوتبال آمریکایی
американський футбол

دوچرخه سواری
їзда на велосипеді

تنیس
теніс

بسکتبال
баскетбол

شنا
плавання

بوکس
бокс

هاکی روی یخ
хокей

فوتبال
футбол

بدمینتون
бадмінтон

دوومیدانی
легка атлетика

هندبال
гандбол

اسکی
лижні перегони

پولو
поло

پریدن
стрибати

بغل کردن
обіймати

خندیدن
сміятися

راه رفتن
йти

آواز خواندن
співати

رؤیا دیدن
мріяти

دعا کردن
молитися

بوسیدن
цілувати

نوشتن
писати

رسم کردن
малювати

نشان دادن
показувати

هل دادن
тиснути

دادن
давати

برداشتن
брати

داشتن

مати

انجام دادن

робити

بودن

бути

ایستادن

стояти

دویدن

бігати

کشیدن

тягнути

پرتاب کردن

кидати

افتادن

падати

دراز کشیدن

лежати

منتظر بودن

очікувати

حمل کردن

носити

نشستن

сидіти

لباس پوشیدن

одягати

خوابیدن

спати

بیدار شدن

просипатися

تماشا کردن

دивитися

گریه کردن

плакати

نوازش کردن

гладити

شانه کردن

розчісувати

حرف زدن

розмовляти

فهمیدن

розуміти

پرسیدن

питати

شنیدن

слухати

آشامیدن

пити

خوردن

їсти

مرتب کردن

прибирати

عاشق بودن

любити

پختن

варити

رانندگی کردن

їхати

پرواز کردن

літати

قایقرانی کردن

йти під вітрилом

محاسبه کردن

рахувати

خواندن

читати

یاد گرفتن

вчитися

کار کردن

працювати

ازدواج کردن

одружуватися

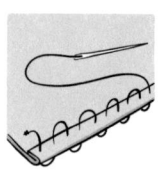

دوختن

шити

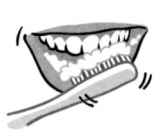

مسواک زدن

чистити зуби

کشتن

убивати

سیگار کشیدن

курити

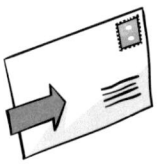

فرستادن

посилати

خانواده
сім'я

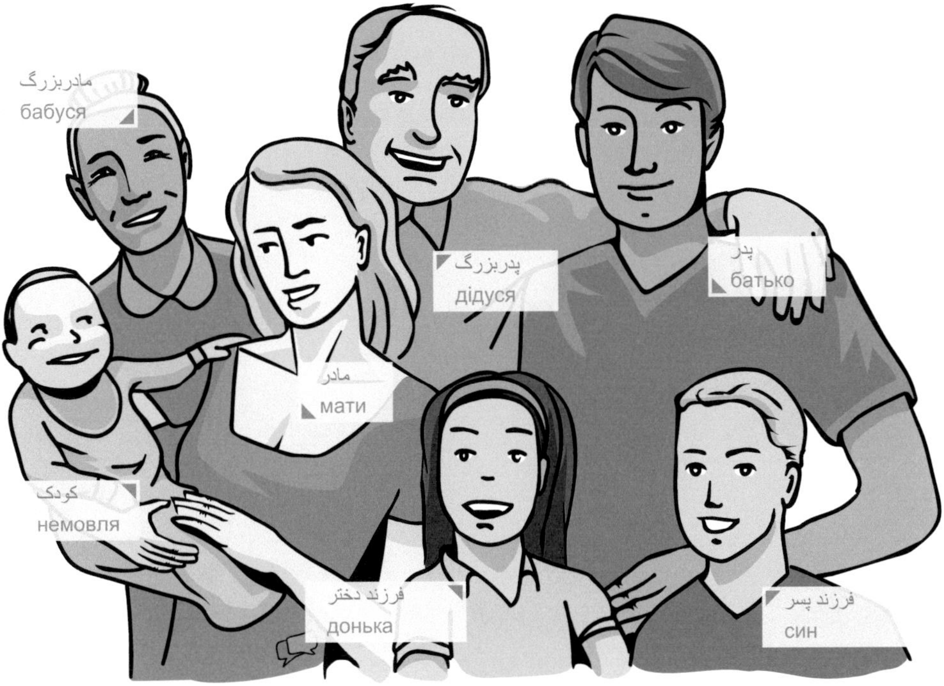

مادربزرگ
бабуся
پدربزرگ
дідуся
پدر
батько
مادر
мати
کودک
немовля
فرزند دختر
донька
فرزند پسر
син

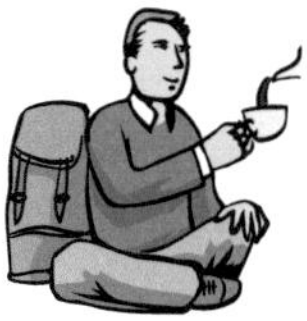

مهمان

гість

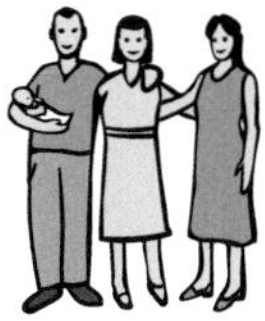

خاله، عمه

тітка

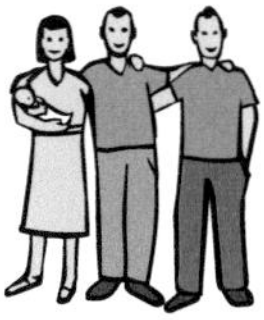

دایی، عمو

дядько

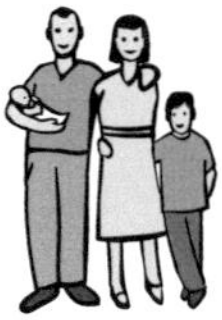

برادر

брат

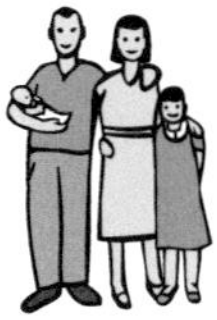

خواهر

сестра

بدن

тіло

پیشانی
чоло
چشم
око
صورت
обличчя
چانه
підборіддя
انگشت دست
палець
دست
кисть
سینه
груди
بازو
рука
شانه
плече
ساق پا
нога

کودک

немовля

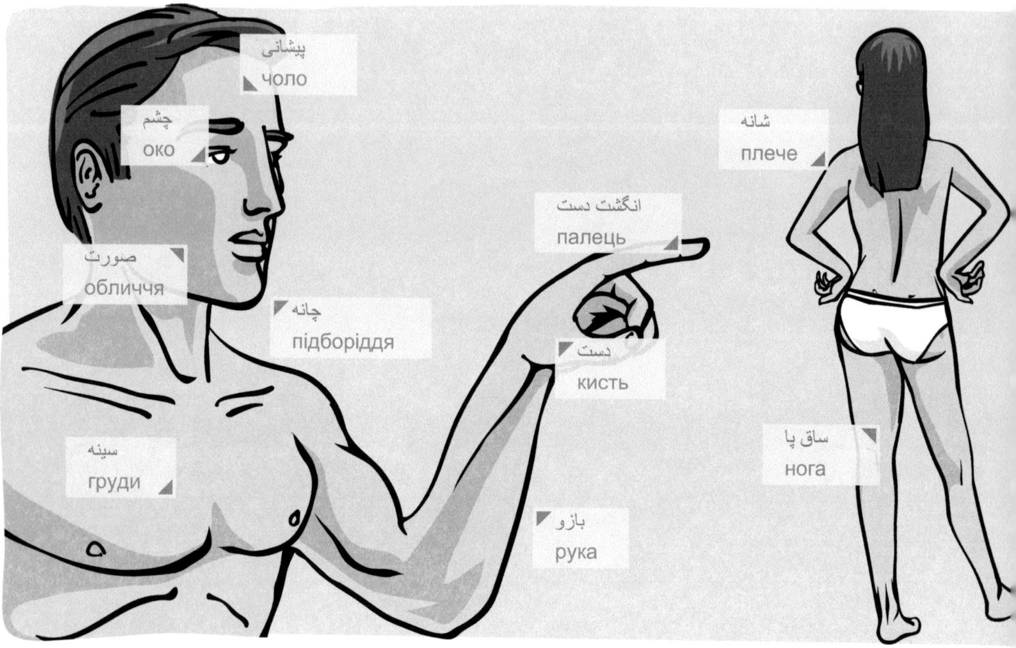

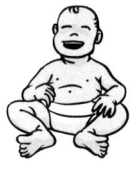

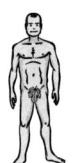

مرد

чоловік

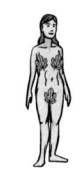

زن

жінка

دختربچه

дівчина

پسربچه

хлопчик

کله

голова

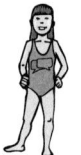

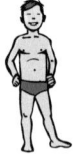

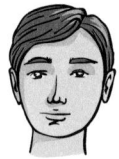

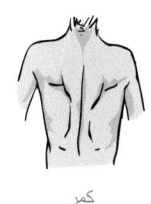

كمر

спина

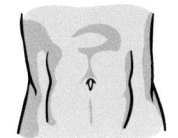

شكم

живіт

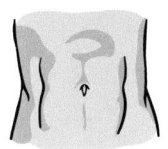

ناف

пуп

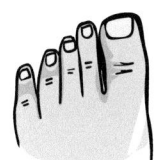

انگشت پا

палець ноги

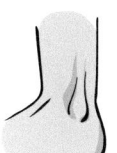

پاشنه

п'ята

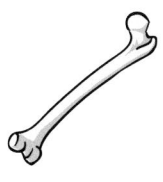

استخوان

кістка

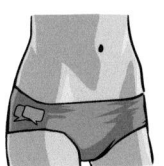

لگن

стегно

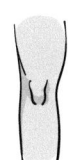

زانو

коліно

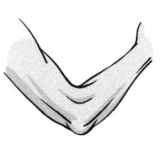

آرنج

лікоть

بینی

ніс

نشیمنگاه

сідниці

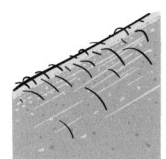

پوست

шкіра

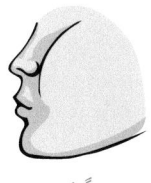

گونه

щока

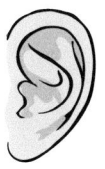

گوش

вухо

لب

губа

دهان

рот

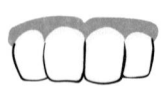

دندان

зуб

زبان

язик

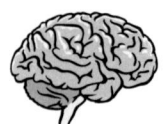

مغز

мозок

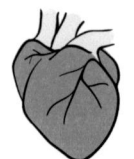

قلب

серце

عضله

м'яз

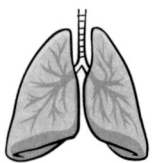

ریه

легені

کبد

печінка

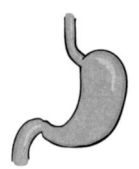

معده

шлунок

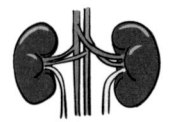

کلیه

нирки

آمیزش جنسی

статевий акт

کاندوم

презерватив

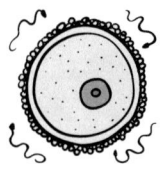

تخمک

яйцеклітина

اسپرم

сперма

حاملگی

вагітність

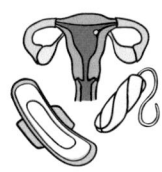

پریود

менструація

واژن

вагіна

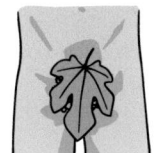

آلت تناسلی مرد

пеніс

ابرو

брова

مو

волосся

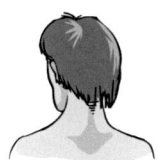

گردن

шия

بیمارستان
лікарня

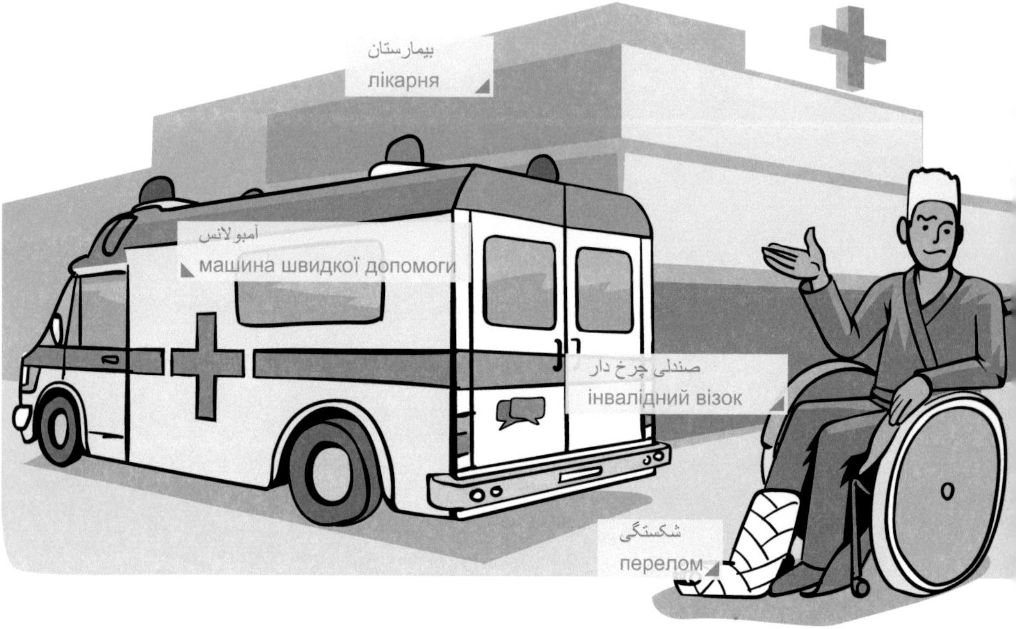

بیمارستان
лікарня
آمبولانس
машина швидкої допомоги
صندلی چرخ دار
інвалідний візок
شکستگی
перелом

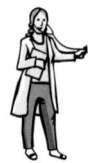

دکتر

лікар

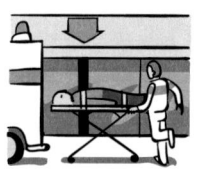

بخش اورژانس

відділення швидкої медичної допомоги

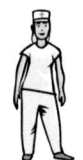

پرستار

медсестра

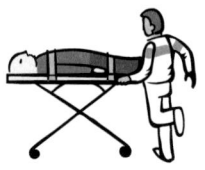

موقعیت اضطراری

аварійний випадок

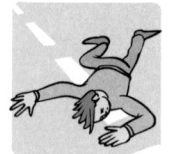

بی هوش

непритомний

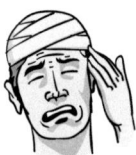

درد

біль

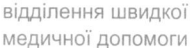

مصدومیت

травма

خونریزی

кровотеча

سکته قلبی

інфаркт

سکته مغزی

інсульт

الرژی

алергія

سرفه

кашель

تب

лихоманка

آنفولانزا

грип

اسهال

пронос

سردرد

головна біль

سرطان

рак

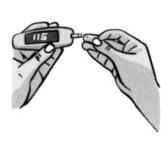

دیابت

діабет

جراح

хірург

چاقوی جراحی

скальпель

عمل جراحی

операція

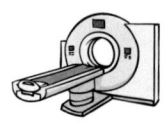

سی تی اسکن

КТ

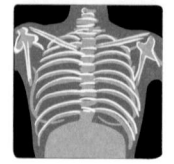

پرتونگاری

рентген

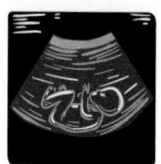

سونوگرافی

ультразвук

ماسک صورت

маска

بیماری

хвороба

اتاق انتظار

зал очікування

چوب زیر بغل

милиця

چسب زخم

пластир

پانسمان

пов'язка

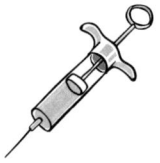

تَزریق

ін'єкція

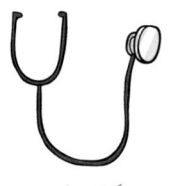

گوشی طبی

стетоскоп

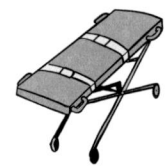

برانکار

ноші

دماسنج

термометр

زایش

народження

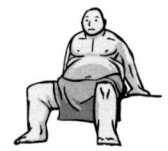

اضافه وزن

надмірна вага

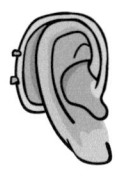

سمعک

слуховий апарат

ماده ضد غفونی کننده

дезінфікуючий засіб

عفونت

інфекція

ویروس

вірус

اچ آی وی / ایدز

ВІЛ / СНІД

دارو

медицина

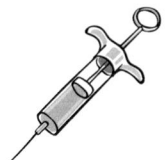

واکسیناسیون

вакцинація

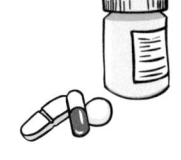

قرص

таблетки

قرص ضد حاملگی

протизаплідна пігулка

تماس اظطراری

екстрений виклик

دستگاه اندازه گیری فشارخون

тонометр

مریض / سالم

хворий / здоровий

کمک!

Допоможіть!

آژیر خطر

сигнал тривоги

حمله

напад

حمله ی فیزیکی

атака

خطر

небезпека

خروج اظطراری

аварійний вихід

آتش

Вогонь!

کپسول آتش‌نشانی

вогнегасник

تصادف

аварія

جعبه کمک های اولیه

аптечка

درخواست کمک

COC

پلیس

поліція

اروپا

Європа

آمریکای شمالی

Північна Америка

آمریکای جنوبی

Південна Америка

أفريقا

Африка

آسیا

Азія

استرالیا

Австралія

اقیانوس اطلس

Атлантика

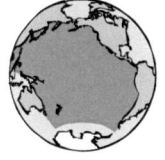

اقیانوس آرام

Тихий океан

اقیانوس هند

Індійський океан

اقیا نوس اطلس جنوبی

Антарктичний океан

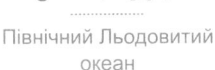

اقیانوس منجمد شمالی

Північний Льодовитий океан

قطب شمال

Північний полюс

قطب جنوب

Південний полюс

قاره قطب جنوب

Антарктика

کره زمین

Земля

سرزمین

суша

دریا

море

جزیره

острів

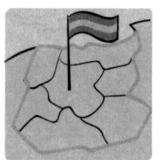

ملت

нація

کشور

держава

صفحه ی ساعت

циферблат

ساعت شمار

годинникова стрілка

دقیقه شمار

хвилинна стрілка

ثانیه شمار

секундна стрілка

ساعت چند است؟

Котра година?

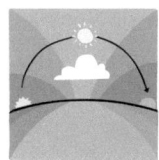

روز

день

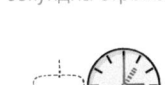

زمان

час

اکنون

зараз

ساعت دیجیتال

цифровий годинник

دقیقه

хвилина

ساعت

година

тиждень

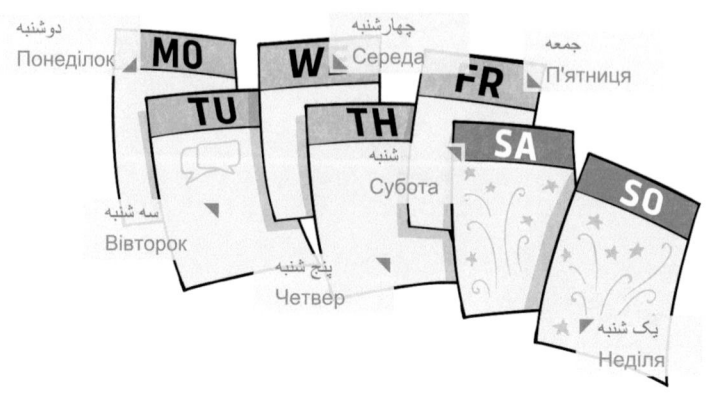

ديروز

вчора

امروز

сьогодні

فردا

завтра

صبح

ранок

ظهر

опівдні

غروب

вечір

MO	TU	WE	TH	FR	SA	SU
1	2	3	4	5	6	7
8	9	10	11	12	13	14
15	16	17	18	19	20	21
22	23	24	25	26	27	28
29	30	31	1	2	3	4

روزهای کاری

робочі дні

MO	TU	WE	TH	FR	SA	SU
1	2	3	4	5	6	7
8	9	10	11	12	13	14
15	16	17	18	19	20	21
22	23	24	25	26	27	28
29	30	31	1	2	3	4

آخر هفته

кінець робочого тижня

باران
دوщ

رنگین کمان
веселка

باد
вітер

برف
сніг

بهار
весна

پاییز
осінь

تابستان
літо

زمستان
зима

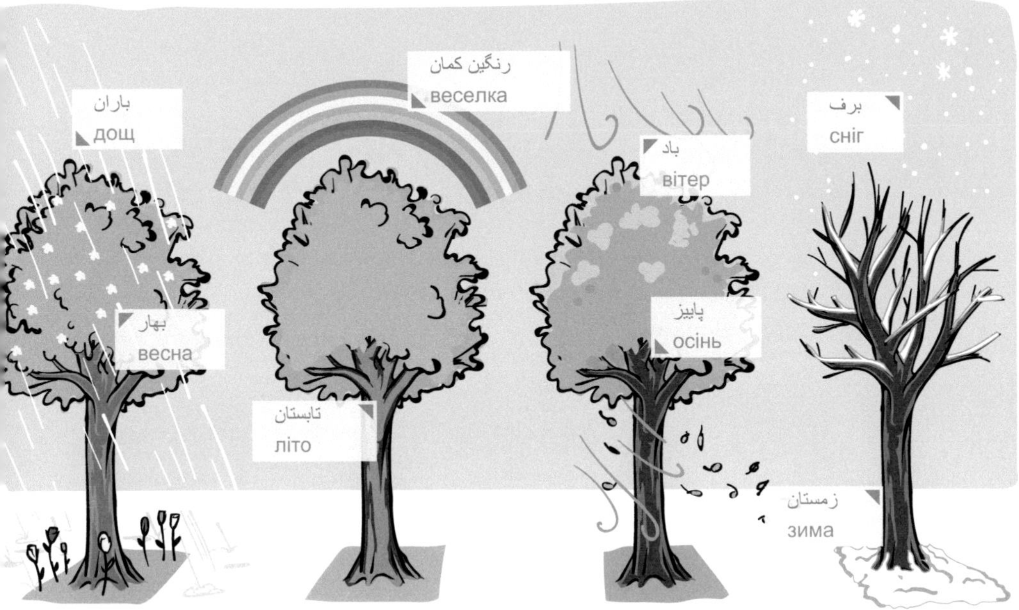

پیش‌بینی اوضاع جوی

прогноз погоди

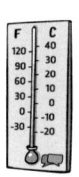

دماسنج

термометр

تابش آفتاب

сонячне світло

ابر

хмара

مه

туман

رطوبت هوا

вологість повітря

صاعقه

блискавка

أسمان غره

грім

طوفان

шторм

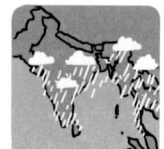

تگرگ

град

باد موسمى

мусон

سيل

повінь

يخ

лід

ژانويه

Січень

فوريه

Лютий

مارس

Березень

أوريل

Квітень

مه

Травень

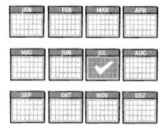

ژوئن

Червень

ژوئيه

Липень

أگوست

Серпень

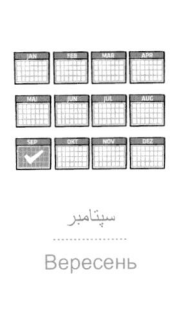

سپتامبر

Вересень

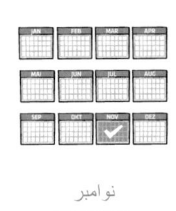

اكتبر

Жовтень

نوامبر

Листопад

دسامبر

Грудень

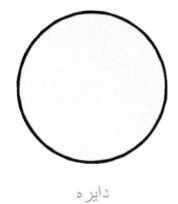

دايره

круг

مربع

квадрат

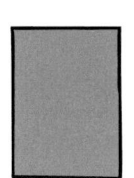

مستطيل

прямокутник

سه گوش

трикутник

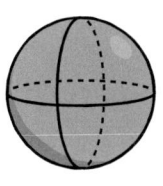

گره

куля

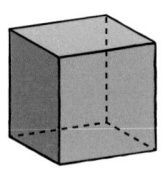

مكعب مربع

куб

سفید

білий

زرد

жовтий

نارنجی

помаранчевий

صورتی

рожевий

قرمز

червоний

بنفش

фіолетовий

أبی

синій

سبز

зелений

قهوه ای

коричневий

خاکستری

сірий

سیاه

чорний

خیلی / کم

багато / мало

خشمگین / آرام

лютий / мирний

زیبا / زشت

гарний / бридкий

شروع / پایان

початок / кінець

بزرگ / کوچک

великий / малий

روشن / تیره

світлий / темний

برادر / خواهر

брат / сестра

تمیز / آلوده

чистий / брудний

کامل / ناقص

завершений /
незавершений

روز / شب

день / ніч

مرده / زنده

мертвий / живий

پهن / باریک

широкий / вузький

قابل خوردن / غیر قابل خوردن

....

їстівний / неїстівний

غضبناک / مهربان

злий / дружній

هیجان زده / بی حوصله

збуджений / нудьгуючий

چاق / لاغر

товстий / тонкий

اولین / آخرین

спочатку / востаннє

دوست / دشمن

....

друг / ворог

پر / خالی

....

повний / порожній

سفت / نرم

....

жорсткий / м'який

سنگین / سبک

....

важкий / легкий

گرسنگی / تشنگی

....

голод / спрага

مریض / سالم

хворий / здоровий

غیرقانونی / قانونی

....

незаконний / законний

باهوش / خنگ

розумний / дурний

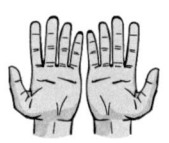

چپ / راست

....

вліво / вправо

نزدیک / دور

....

поруч / далеко

نو / استفاده شده

новий / використаний

هیچ چیز / چیزی

нічого / щось

پیر / جوان

старий / молодий

روشن / خاموش

вкл / викл

باز / بسته

відкрито / закрито

أهسته / بلند

тихо / гучно

ثروتمند / فقیر

багатий / бідний

درست / غلط

правильно / неправильно

زبر / صاف

шорсткий / гладкий

غمگین / خوشحال

сумний / щасливий

کوتاه / بلند

короткий / довгий

کند / تند

повільно / швидко

تر / خشک

вологий / сухий

گرم / خنک

гарячий / холодний

جنگ / صلح

війна / мир

متضاد ها - протилежності

числа

0	**1**	**2**
صفر	یک	دو
нуль	один	два
3	**4**	**5**
سه	چهار	پنج
три	чотири	п'ять
6	**7**	**8**
شش	هفت	هشت
шість	сім	вісім
9	**10**	**11**
نه	دَه	یازده
дев'ять	десять	одинадцять

12

دوازده

дванадцять

13

سیزده

тринадцять

14

چهارده

чотирнадцять

15

پانزده

п'ятнадцять

16

شانزده

шістнадцять

17

هفده

сімнадцять

18

هجده

вісімнадцять

19

نوزده

дев'ятнадцять

20

بیست

двадцять

100

صد

сто

1.000

هزار

тисяча

1.000.000

میلیون

мільйон

انگلیسی

англійська

انگلیسی آمریکایی

американська англійська

چینی ماندارین

китайська
високочиновницька

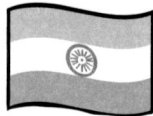

هندی

хінді

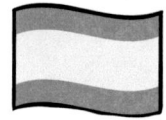

اسپانیایی

іспанська

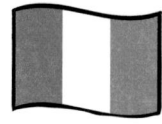

فرانسوی

французька

عربی

арабська

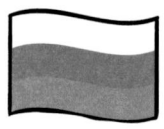

روسی

російська

پرتغالی

португальська

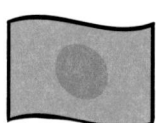

بنگالی

бенгальська

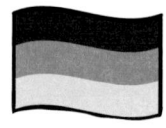

آلمانی

німецька

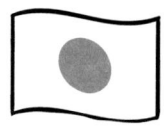

ژاپنی

японська

من

Я

تَو

ти

♂ ♀ ○

او

він / вона / воно

ما

ми

شما

ви

أنها

вони

چه کسی؟ کی؟

хто?

چی؟

що?

چگونه؟

як?

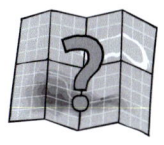

کجا؟

де?

کی؟

коли?

نام

ім'я

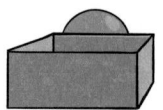

پشت

ззаду

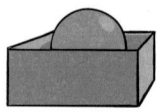

توی

в

جلو

перед

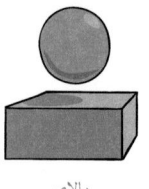

بالای

над

روی

на

زیر

під

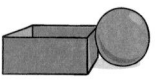

مجاور

біля

بین

між

مکان

місце